CHRISTA SPILLING-NÖKER

Behutsam will ich dich begleiten

CHRISTA SPILLING-NÖKER

Behutsam will ich dich begleiten

Auf dem Weg des Abschieds

HERDER
FREIBURG · BASEL · WIEN

Dieses Buch möchte Sie ermutigen,
geliebte Menschen ganz bewusst
in ihrer letzten Lebensphase
bis an die Schwelle zu begleiten.

Auch über den Abschied hinaus
möge es Ihnen
in den Tagen der Trauer
Wegbegleiter sein.

CHRISTA SPILLING-NÖKER

INHALT

Auf dem Weg des Abschieds 62

Behutsam
will ich dich begleiten

An deiner Seite war ich glücklich

Du weißt, wenn *deine*
letzte Stunde schlägt,
dann reißt es auch
mein eigenes Herz entzwei.
Ich habe dich
so sehr geliebt
in all den Jahren,
die dir und mir
auf unserem Lebensweg
beschieden waren.
An deiner Seite
war ich glücklich,
in deiner Seele
stets daheim.

Von Atemzug zu Atemzug

Von Atemzug zu Atemzug
will ich dich in der Todesnacht
ganz sacht begleiten.
Ich lege deine Hand in meine,
damit du spürst,
dass du den letzten Schritt
in deinem Leben
zwar alleine
– doch nicht verlassen
gehen musst.

Nimm meine Hand

Du brauchst dich nicht
davor zu fürchten,
dass du alleine
sterben musst.
Ich bleibe ja bei dir
in dieser schweren Stunde.
Nimm meine Hand
und spüre darin meine Nähe,
meine Wärme,
wenn denn der Tod
dich zu sich ruft.

Ich will bei dir wachen

Ich will bei dir wachen,
wenn dich die Angst überfällt
und die Trauer darüber,
von allem Abschied nehmen zu müssen,
was dir einst lieb und teuer gewesen ist,
dein Herz zu erdrücken droht.

Ich will bei dir wachen,
bis denn der Todesengel
an dein Bett treten wird,
um dich in eine glanzvolle Welt
hinüberzutragen,
die dich erwartet
voller Liebe und Licht.

Sich den letzten Lebensfragen stellen

Du hast dein Leben lang
den Tod verdrängen wollen
und konntest dir nie eingestehen,
dass eines Tages er
auch dich ereilt.
Jetzt musst du dich den
letzten Lebensfragen stellen,
was du an Glück erlebt hast
und an Leid
und ob du über allem,
was gewesen und geworden ist,
jetzt deinen Frieden
finden kannst.

Die Himmel werden sich vor dir verbeugen

Wenn nun dein Leben
sich zum Ende neigt,
dann werden alle Himmel
sich vor dir verbeugen.
Du hast so viel gelitten
in den letzten Jahren,
jetzt wird ein Engel dich
in eine neue Welt begleiten,
die dich entschädigt
für des Lebens Last.

Fürchte dich nicht

Fürchte dich nicht,
ich bin doch hier,
fürchte dich nicht,
ich bleibe bei dir.

Fürchte dich nicht
vor der dunklen Nacht,
fürchte dich nicht,
ich halte ja Wacht.

Fürchte dich nicht
vor dem letzten Schritt,
fürchte dich nicht,
ich gehe doch mit.

Fürchte dich nicht
und sei nicht so bang,
fürchte dich nicht
vor dem Übergang.

Fürchte dich nicht,
es ist nicht alles zu Ende,
denn du fällst ja in
barmherzige Hände.

Wenn du jetzt gehst

Wenn du jetzt gehst,
dann weiß ich nicht wohin
mit meinem Leben,
mit meiner Liebe,
und den Träumen,
die ich stets mit dir geteilt.

Wenn du jetzt gehst,
dann hat mein Hoffen
auch ein Ende
und meine Sehnsucht
löst sich auf in
einsame Verlassenheit.

Wo soll ich hin mit meinen Fragen

Wo soll ich hin mit meinen Fragen,
wohin mit meinen Ängsten?
Bin ich bei dir, so fehlt mir doch
die Kraft, um dich zu trösten,
weil ich dich ja im Grunde
nicht gehen lassen kann und will.
Mit jeder Faser meines Herzens
habe ich einst gehofft,
ich könnt' die Uhr für uns
noch einmal rückwärts stellen,
zurück in all die schönen Jahre,
in denen wir uns so geliebt.

Wo soll ich hin mit meinen Fragen,
wohin mit meinen Ängsten?
Ich will versuchen, sie zu sammeln,
um sie in Dank zu wandeln dafür,
dass es dich überhaupt für mich
gegeben hat.

Mögen dich Engel umgeben

Mögen dich alle Engel des Himmels
umhüllen mit ihrem Licht
und dir den ewigen Frieden bringen,
nach dem dein Herz
sich schon lange sehnt.
Mögen sie deine letzten guten Gedanken
in alle Ewigkeiten bewahren
und für immer weiterwirken lassen
in der Welt.

Ich möchte dir Halt geben

Weißt du eigentlich,
wie sehr ich mir wünsche,
Flügel zu haben,
um dich hinüberzutragen
über die Abgründe
deiner Todesangst
und dir Halt zu geben
in den letzten Stunden
deines Lebens?

Ich werde bei dir bleiben

Was kann ich für dich tun,
wenn dich das Schweigen
und die Stille nun umhüllen
und kein Wort mehr
über deine Lippen kommt?

Ich werde bei dir bleiben
und dich in meinen Armen bergen,
ich will dich zärtlich streicheln,
damit du meine Nähe
und meine Liebe spürst.

Schenk mir noch ein Wort

Schenk mir noch
ein Wort,
gib mir ein Zeichen
deiner Liebe,
damit ich selbst
aus dieser
letzten Stunde
noch eine Spur
von Trost
ins eigene Leben
für mich
herüberretten kann.

Jetzt heißt es Abschied nehmen

Jetzt heißt es
Abschied nehmen,
und die Gedanken gehen
weit zurück.
Wir haben uns
das Leben gegenseitig
häufig schwer gemacht,
es fehlte uns
so oft das Glück.

Jetzt heißt es
Abschied nehmen,
und unserer beider Seelen
sind voll Schmerzen.
Lass uns einander
jetzt noch einmal
unsere Hände reichen,
damit Versöhnung wächst
in unseren Herzen.

Das Leben hast du mir geschenkt

BEIM STERBEN DER MUTTER

Das Leben hast du
mir geschenkt
und dich um mich gesorgt
in meinen Kindheitstagen.
Für deine Liebe
und Geduld,
für dein verständnisvolles Herz
will ich dir danke sagen.

Ach, warum muss ich denn
für immer
von dir Abschied nehmen
und dich jetzt gehen lassen?
Die Trauer reißt mich
schier entzwei;
ich seh dein zärtliches Gesicht
und kann und will's nicht fassen.

Jetzt stehen wir an deinem Bett

BEIM TOD EINES KINDES

Warum
musst du uns denn schon jetzt verlassen?
Dein junges Leben hatte gerade erst
begonnen,
wir haben uns so oft an dir erfreut.

Warum?
Die ganze Welt, die wollten wir dir
zeigen und dich entdecken lassen
mit Liebe
voller Spannung und mit Heiterkeit.

Warum?
Jetzt stehen wir an deinem kleinen Bett
Und streicheln zärtlich lächelnd über
dein Gesicht,
während wir still nach innen weinen.

Warum?
Was hat dein Sterben denn für einen Sinn?
Du wurdest uns doch erst geschenkt –
wie kann es
Gott mit uns so grausam meinen?

Ohne dich

Ohne dich
verliert sich
meine Sehnsucht
im Wind.
Der Trost
weiß nicht mehr,
wo er neue
Nahrung findet.
Mein Lebensmut
ist blass
und meine Lieder
sind leise
geworden.
Ohne dich
fragt das Heute
vergeblich
nach einem Morgen.

Gibt es denn
kein Zurück?

Die Zeit mit dir war schön

Die Zeit mit dir war schön.
Wie viele Jahre haben wir zwei
Hand in Hand durchschritten.

Nicht jeder Weg war leicht,
nicht jeder Tag nur sonnig;
so manche Nacht voll Schmerz und Schuld
und Einsamkeit blieb uns auf unserer Reise
nicht erspart.

Und doch brach
– wie ein Wunder manchmal –
immer wieder ein neuer Morgen
für uns an,
der uns der Zukunft
getrost entgegengehen ließ.

Die Zeit mit dir
war schön –
sie war mein Leben.

Ich wünsche dir Frieden

Wie lange
quälst du dich nun schon
mit deinem Leiden
von Tag zu Tag,
von Nacht zu Nacht.
Ich kann es selbst
kaum mehr ertragen,
wie du in jedem Augenblick
mit deinen Schmerzen
kämpfen und manchmal
sogar ringen musst.
Ich wünsche dir
von ganzem Herzen,
dass du jetzt bald
erlöst wirst von dem Elend
und Frieden finden darfst
im Reich der Ewigkeit.

Ich bin bei dir

Ich bin bei dir
in deinen letzten Stunden,
wenn sich die Nacht ausbreitet
und das Dunkel
deine Seele umgibt.

Ich bin bei dir
wenn du die letzte Schwelle
überschreitest und
der ewige Frieden
deine Ängste besiegt.

Ich wünsche dir den Trost der Engel

Ich wünsche dir
den Trost der Engel,
damit deine Seele
jetzt endlich
zur Ruhe kommt.

Ich wünsche dir
das Licht der Sterne,
damit dein Herz
sich nicht fürchten muss
vor der Nacht.

Ich wünsche dir
den Frieden des Himmels,
damit du versöhnt
mit dir selbst
einschlafen kannst.

Schenk mir noch ein gutes Wort

Es ist nicht immer leicht,
an deinem Bett zu sitzen
und deine Bitterkeit
mit anzusehn.
Was hast du mir
nicht alles vorgeworfen
in den letzten Wochen,
als wäre ich
an deinem Leiden schuld.
Ich hoffe jede Stunde,
du würdest mich mit einem
guten Wort beschenken,
damit ich gerne an dich denken
und eines Tages wirklich
um dich trauern kann.

Die Kerze spendet leisen Trost

Jetzt bist du endlich in den
Schlaf gesunken,
die Kerze auf dem Nachttisch
spendet leisen Trost.
Wirst du am Morgen
noch einmal erwachen, dass ich
– ein letztes Mal vielleicht? –
in deine lieben Augen
blicken darf?
Ich werde diese Nacht
an deinem Bett verweilen
und hoffe,
dass dein Lebenslicht
noch eine Weile
brennt.

Möge dir die letzte Stunde gesegnet sein

Möge dir die letzte Stunde
gesegnet sein
wie dein langes
und gesegnetes Leben,
möge ein Engel
dich zärtlich mit Liebe
und Wärme umgeben,
mögest du zur
Ruhe kommen
und der Friede
deine Seele durchträumen
auf deinem letzten Weg
hin zu den himmlischen
Räumen.

Nun musst du gehen

Nun musst du gehen,
und ich kann es noch
immer nicht ertragen,
dass du die Welt
und mich
für alle Zeit verlässt.
Ich hätte gern
noch viele Jahre
meines Lebens
mit dir geteilt
und unser
tief erlebtes Glück
mit dir zusammen
hineingenommen
in die Ewigkeit.

Deine Liebe wird mir bleiben

Jetzt ist es still
im Raum.
Das Schweigen
birgt uns
wie ein Mantel,
und unser Atem
vereint uns noch
ein letztes Mal.
Bei jedem Herzschlag
strömt die Liebe
zwischen uns,
als könne es
niemals
ein Ende geben –
sie wird mir bleiben,
auch wenn du
gegangen bist.

Schenk mir ein Zeichen der Vergebung

Ich habe dich so oft verletzt
in all den Jahren,
du musstest durch mich
viele Kränkungen erfahren,
die mir, das musst du glauben,
jetzt so leid tun, dass ich kaum
um Worte der Verzeihung
bitten mag.
Ich wünsche mir so sehr,
dass manches böse Wort,
das über meine Lippen kam,
ins Dunkel der Vergessenheit
geraten könnte –
und dass du mir
nichts nachträgst
von der schlimmen Zeit.
Ich bitte dich so sehr um
Zeichen der Vergebung,
damit in dieser Stunde
noch einmal der Segen
des Friedens
uns vereinen kann.

Lass uns Frieden schließen

Wir haben uns verloren
im Lauf der Jahre,
jetzt weiß ich nicht,
was ich dir sagen
soll in dieser Zeit,
in der du von dem Leben
scheiden musst.
Es bleiben so viel
offene Fragen,
es fehlen mir, wie oft,
die richtigen Worte,
um all das Ungesagte
zwischen uns
nun doch noch
auszusprechen,
damit der Abschied
letztlich
im Einklang miteinander
enden kann.

Ich leide mit dir

Ich will mich ganz
in deinen Schmerz versenken,
dass du all deine Träume
von morgen
aufgeben musst,
du darfst nicht einmal mehr
an sie denken.

Ich will mich ganz
in deinen Schmerz versenken
und kann nur erbitten,
dass dich die Kräfte
des Himmels
in alle Ewigkeit mit ihrer
Gnade beschenken.

Ob wir uns noch versöhnen können?

Du hast mir so oft
weh getan
im Lauf der Jahre,
dass ich nicht weiß,
wie ich dir jetzt
begegnen soll.
Ich spüre qualvoll
all die Wunden,
die ich durch dich
erlitten habe,
und frage mich,
ob ich es möglich
machen kann,
dir heute noch
ein gutes Wort
zu schenken,
damit der Schmerz
sich zur Versöhnung
wandeln kann.

Ich werde deine Worte in mir bewahren

Ich weiß darum,
dass du allein bist
und niemanden mehr hast,
der dich in dieser schweren Zeit
begleiten könnte, um dir
ein Wort des Trostes zuzusprechen
und deine Hand zu umfassen.

Ich aber will jetzt
für dich da sein,
will dir zuhören bei dem,
was du aus deinem Leben
noch erzählen und berichten willst.
All deine Worte will ich in mir
bewahren als einen kostbaren Schatz.

Ich sehne mich zurück zu dir

Wenn ich an
unsere gemeinsam
erlebten Zeiten
zurückdenke,
dann mischen sich
Gefühle von
Dankbarkeit
und Enttäuschung,
von Freude
und Schmerz.

Du hast mir
unendlich viel
Liebe gegeben
und mich dennoch
in vielen Fragen
alleine gelassen.
Jetzt sehne ich mich
zurück zu dir –
trotz all der
Wunden.

Jetzt musst du gehen

BEIM STERBEN DES VATERS

Ich weiß,
es ist die Zeit
gekommen,
dass du, mein Vater,
nun für immer
die Augen
schließen wirst.
Ich habe mich
auf diesen
Augenblick
schon lange
vorbereitet,
ihn innerlich
vorweggenommen –
und dennoch:
jetzt, wo er
gekommen,
durchzieht mich
tiefer, wunder
Schmerz.

Ich steh dir bei

Ich steh dir bei
in diesen dunklen Tagen,
wenn es nichts mehr zu sagen
gibt und nur das Schweigen
uns vereint.

Ich steh dir bei
in diesen stillen Zeiten,
ich will dich liebevoll begleiten,
auch wenn es leise
in mir weint.

Du hattest dein Leben noch vor dir

BEIM TOD DES KINDES

Das Schicksal will,
geliebtes Kind,
dass du uns jetzt
genommen wirst.
Du hattest für die Zukunft
so viele Pläne,
Träume und Ziele,
die nun ungelebt,
zusammen mit den letzten
Strahlen der Abendsonne,
hinter dem Horizont
versinken
und niemals mehr wieder
zum Leben erwachen.
Ob uns noch einmal
das Morgenlicht
tröstend aufgehen wird,
wagen wir heute
nicht zu hoffen.

Noch einmal deine Nähe spüren

Ich will noch einmal
deine Nähe spüren,
bevor du diese Welt
für alle Zeit verlässt.
Ich will noch einmal
deine Hände in
meinen bergen,
dir noch einmal
die Stirn küssen,
deine eingefallenen
Wangen streicheln
und dir die Verheißung
göttlichen Segens
zusprechen
für den Übergang
in das himmlische
Reich.

Ich bin für dich da

Du weißt, dass ich
für dich da bin.
Wenn du
einen Wunsch hast,
lass ihn mich wissen,
damit ich ihn dir
nach Möglichkeit
erfüllen kann.
Ich will dir deine
letzte Lebenszeit
so schön gestalten,
wie es in meinen
Kräften steht.
Du sollst spüren,
dass du nicht allein,
sondern im Kreis
lieber Menschen
geborgen bist.

Das Wesentliche von dir wird bleiben

Du bist ein
wunderbarer Mensch,
du hast der Welt so viel
gegeben,
und jetzt erfüllt uns
tiefer Schmerz,
dass du für immer
Abschied nehmen musst
von deinem Leben.
Doch sei gewiss,
von all den guten Taten
und Gedanken
wird Wesentliches
bleiben:
wir werden vieles
davon weitergeben
und uns in unsere
eigenen Herzen
schreiben.

Du wirst mir fehlen

Du warst mir nah in vielen Jahren,
du hast das Licht und Dunkel deines
Lebens mit mir so oft geteilt.
Die Nähe zu dir, dein Vertrauen
und meine Möglichkeit,
mich bei dir auszusprechen,
hat mir so gut getan
und manche Wunden in mir geheilt.
Du wirst mir fehlen, denn all die Stunden
miteinander, sie waren so
unendlich wichtig für mein Leben.
Was bleibt, ist die
Erinnerung daran;
so einen Menschen wie dich
wird es für mich mit Sicherheit
nicht noch ein weiteres Mal
geben.

Ich bleibe an deiner Seite

Ich bleibe
an deiner Seite,
damit du die
Stille im Raum
nicht alleine
ertragen musst
und das Schweigen
sich in eine
beredte Form
von Nähe
verwandelt.

Ich bleibe
an deiner Seite,
damit dir das Licht
meiner Augen
deine Dunkelheit
erleuchtet
und die Liebe
meines Herzens
die Kälte
deiner Angst
durchwärmt.

Die letzte Stunde naht

Die letzte Stunde naht,
ach, könnte ich doch
die Zeiger der Uhr
anhalten,
damit du wenigstens
für eine kleine Weile
noch bei mir bleibst.
Jeden deiner Atemzüge
nehme ich voller
Dankbarkeit wahr,
jede Minute deiner
lebendigen Nähe
hat für mich einen
unendlichen Wert.

Jetzt müssen wir Abschied nehmen

Jetzt müssen wir
Abschied nehmen
und mit wundem Herzen
in den Tod einwilligen,
der ja auch ein Teil
vom Leben ist.

Möge uns in den
Stunden der Trauer
Tröstliches zuwachsen,
damit wir langsam wieder
etwas ahnen dürfen
von Hoffnung und Licht.

In aller Stille

In aller Stille
hat der Todesengel
jetzt den Raum durchschritten –
ich habe dir die lieben Augen
zugedrückt, die Hände dir
auf deiner Brust gefaltet
und will noch betend
eine Weile mit dir
alleine sein –
im Schein der Kerzen
noch letzte Liebesworte flüstern,
bevor du aus dem Haus
getragen und mir für alle Zeit
genommen wirst.

Meine Liebe wird dich finden

In all meinen Schmerzen
ist es mir doch ein kleiner Trost,
dass du so friedlich eingeschlafen bist
und dein Gesicht gar Züge hatte,
als würdest du mir noch
ein letztes Lächeln schenken.
Als Dank dafür will ich dir
meine Liebe zum Himmel
aufsteigen lassen,
darauf vertrauend, dass du sie
spürst.

Stille hat dein Herz erfüllt.
Behutsam zieht sie eine Bahn
durch deinen Schmerz
und schenkt dir heilsame Momente
des Aufatmens,
die dich ein klein wenig
zur Ruhe kommen lassen.
Bilder der Erinnerung steigen in dir auf,
von der Zeit, als du das Leben
mit dem Menschen noch hast teilen dürfen,
von dem du jetzt Abschied zu nehmen beginnst.
Vor allem die letzten Stunden, Tage und Wochen
werden vor deinem inneren Auge
wieder lebendig:
Was war wichtig und wesentlich
in dieser letzten Zeit?
Welche Fragen standen im Raum?
Ließen sich Antworten darauf finden
oder quält dich jetzt das Dunkel
des Unausgesprochenen –
versäumte Liebe
oder ein Schatten an Schuld?

Welche Freuden durftet ihr miteinander teilen?
Wie tief waren die Begegnungen,
die euch geschenkt wurden?
Wie viel Vertrautheit und Nähe
habt ihr gemeinsam erlebt?

Du brauchst ganz sicher viel Geduld,
bis du den weiten Weg des Abschiednehmens,
der langsam erst für dich beginnt,
bewältigen und verlassen kannst.
Schenk dir die Zeit zur Trauer
und ertrage die immer wieder wechselnden
Gedanken und Gefühle,
denn wenn dich auch stets neue Wogen
an Tränen und Verzweiflung überrollen
und wilder Zorn dein Herz bisweilen
zu zerreißen droht,
darfst du am Ende
wieder Licht am Horizont erahnen.

Der Trost wird dir
auf leisen Sohlen sanft entgegenkommen,
er wird dir zärtlich beide Hände reichen,
um dich der Nacht des Todes
und der Trauer zu entziehen.
Er hilft dir, wieder helle Räume zu betreten,
in denen dein gequältes Herz
allmählich Heilung ahnen kann,
wo Hoffnungsträume deine müde Seele
wieder stärken
und Zuversicht den Weg vor dir
von einem Schritt zum andern sacht erhellt.

Auf dem Weg des Abschieds

Weinen dürfen

Dein Kummer ist so groß,
dass du gar nicht mehr weißt,
wo du damit hin sollst.
Schreie deine Not heraus
und lass deinen Tränen
endlich freien Lauf.
Es ist keine Schande
zu weinen.
Wenn die Tränen strömen,
kommt auch in deiner Seele
wieder etwas zum Fließen,
die Erstarrung kann sich lösen,
und der Schmerz
lässt langsam nach.

Zu seinen Gefühle stehen können

Vielleicht bist du darüber erleichtert,
dass ein Mensch, der dir sehr nahe
gestanden hat, nun endlich
von seinen schweren Leiden
erlöst worden ist.
Schuldgefühle machen sich
in dir breit, weil du glaubst,
dass du nicht so trauern kannst.
wie es von dir erwartet wird.
Mögest du zu deinen Gefühlen stehen
und dem Kranken
mit befreitem Herzen gönnen,
dass er zur ewigen Ruhe gefunden hat.
Bewahre die schönen Erinnerungen an ihn
in deinem Herzen, damit er in all dem,
was du selbst an Liebe verschenkst,
lebendig und gegenwärtig bleiben darf
in der Welt und in dir.

Ins Licht treten

Schwere Wochen breiten sich
jetzt vor dir aus.
Alles scheint noch unwirklich,
immer wieder glaubst du,
dass der Verstorbene
gleich in die Tür tritt
und das, was geschehen ist,
nur ein böser Traum war.
Die unterschiedlichsten Gefühle
werden sich in der kommenden Zeit
deiner Seele bemächtigen.
Zorn und Trauer
werden dich heimsuchen,
wieder und wieder.

Doch eines Tages
findet der dunkle Tunnel
mit Sicherheit ein Ende,
und aus der dunklen Enge
trittst du befreit hinaus
ins Licht.

Mögest du schlafen können

Möge dich
der Himmel mit seinem
segnenden Licht umfangen,
deinen Kummer
wenigsten für die Stunden der
kommenden Nacht auflösen
und dich nach all den
schmerzvollen Tagen
mit einem friedlichen Schlaf
begnaden.

Zum Himmel hinauf

Schicke
in deinen Gebeten
all deine Trauer
und deinen Kummer
zum Himmel hinauf.
Möge der liebende Gott
sich deiner Schmerzen
erbarmen
und dir den Engel
des Trostes
in dein bedrücktes Herz
fallen lassen,
damit du dich eines Tages
wieder aufgerichtet
und getragen
fühlen darfst.

Kleine Schritte gehen

Bisweilen
sind es die kleinen Schritte,
die einen ein Stück,
weiter bringen
auf dem Weg
von der Trauer zum Trost.
Ein freundlicher Besuch,
eine anteilnehmende Karte,
ein wohlmeinendes Wort
sind dann manchmal
schon viel.

Sich die Gefühle von der Seele schreiben

Manchmal
tut es der Seele gut,
sich die Gedanken,
die einen bewegen,
und die Gefühle,
die einen umtreiben,
von der Seele zu schreiben.
In einem Tagebuch
der Trauer
kann der lange Weg
des Abschiednehmens
nach und nach
bewältigt werden,
und der Verstorbene
wird damit zugleich
mit einem ganz
persönlichen Denkmal
geehrt.

Noch ist er da

Möge dich
die Stille im Haus
nicht erschrecken
und die Leere
in den Räumen
dein Herz nicht
erschaudern lassen.
In allem, was
deine Hände berühren,
ist der geliebte Mensch
nach wie vor da,
es atmet nach ihm
in allen Winkeln,
seine Nähe spürst du
sogar noch
in deinem Kleid.

Der Verstorbene ist ein Teil von dir

Du wirst immer wieder einmal
von dem Verstorbenen träumen,
in den unterschiedlichsten Bildern
ist er in deiner Seele präsent.
In jeder seiner Erscheinungsweisen
lässt er dich eine Seite
von deinem eigenen Wesen
wahrnehmen und erkennen,
so dass du ihm verbunden bleibst
in dem, der du selbst bist.

Den Tod überwinden

Wenn du das achtest
und ehrst,
was dem Verstorbenen
wichtig und wesentlich,
was ihm heilig war,
dann wirst du ihm
verbunden bleiben
in einer Liebe,
die die Schrecken
des Todes bereits
überwunden hat.

Einsamkeit ertragen

Der Tod eines geliebten Menschen
hat dich einsam gemacht.
Vor allem an den Wochenenden
scheint die Uhr noch langsamer
zu ticken als sonst.
Quälend steigen die Erinnerungen
an gemeinsam erlebte Zeiten auf –
kaum glaubst du, sie beiseite
geschoben zu haben,
sind sie schon wieder da.
Das Abschiednehmen braucht
seine Zeit, es will durchlitten
und ertragen werden,
bis der Trost eines morgens früh
deine Hand nimmt
und du dem Leben wieder neu
begegnen kannst.

Lass deinen Gefühlen ihren Lauf

Mögest du dich
nicht verwirren lassen
durch Menschen,
die meinen, du habest jetzt
besonders tapfer zu sein.
Lass deinen Gefühlen
freien Lauf,
weine, klage und schreie,
wenn dir danach
zumute ist –
wer trauert, braucht sich nicht
als Held zu geben.

Den Schmerz austragen

Was kannst du tun,
wenn der Schmerz
dich innerlich zu zerreißen droht?
Was kannst du anderes tun,
als den Schmerz auszuhalten,
ihn zu ertragen,
ihn auszutragen,
wie ein Kind?
Der Schmerz braucht seine Zeit,
bis durch ihn hindurch
Neues geboren wird.
Das allein gibt dem Schmerz Sinn:
dass aus ihm eines Tages
neues Leben
dir erwächst.

Den Schmerz aushalten

Der Schmerz liegt
groß und schwer auf deinem Herzen,
das Unbegreifbare hat dich ergriffen,
das du in seiner schlimmen Wirklichkeit
noch gar nicht ganz erfassen kannst.
Es wird vermutlich lange brauchen,
bis du nicht nur mit dem Verstand,
sondern zugleich mit deinem Herzen
begreifen kannst, was dieser Abschied
für dich dauerhaft bedeuten wird.
Schenk dir die Zeit, die nötig ist,
um dich der Trauer ganz zu stellen,
bis eines Tages du von ganzem Herzen
aufatmen und erlöst sein darfst.

Den eigenen Weg finden

Schenke dir
in deiner Trauer Zeit und Raum
für das, was du brauchst.
Suche dir Menschen, mit denen du
über deinen Verlust
reden kannst, die dir zuhören,
ohne dir mit klugen Ratschlägen
ins Wort zu fallen.
Ziehe dich
unter die Bettdecke zurück,
wenn du nur Ruhe haben
und dich in dich selbst
verkriechen willst.
Nur du selbst kannst herausfinden,
was dir im Augenblick gut tut
und dich nach und nach
neue Kraft schöpfen lässt.

Sich in Gottes Händen bergen

Möge der Himmel seinen Segen
über dich ausgießen
und der heilig heilende Geist
dein Herz berühren,
damit du dich getröstet
und geborgen weißt
in der göttlichen Fülle,
in die du deinen Kummer
hineinlegen darfst.

Spuren des Lichts

Wenn die Dunkelheit
sich wieder breitmacht in dir
und die Nacht in deiner Seele
kein Ende mehr nimmt,
dann schaue hinauf
zu den Sternen.
Es gibt keine Nacht
ohne Spuren des Lichts.

Meine Liebe zu dir weiterschenken

Du musst einen Menschen
loslassen,
den du von ganzem Herzen
lieb gehabt hast,
und du weißt nicht,
wie das Leben für dich in Zukunft
überhaupt weitergehen kann.

Versuche, deinen Blick
auf jene Menschen zu lenken,
die deiner Hilfe
und der Kraft deiner Liebe
heute bedürftig sind.
In allem, was du ihnen
an Gutem widerfahren lässt,
ist dir der Mensch,
den dein Herz geliebt hat,
lebendig und nah.

Zuversicht ahnen

Auch diese Nacht
wird schon in kurzer Zeit
dem Licht des Morgens
weichen,
auch deinem Schmerz
ist Trost verheißen –
ganz im Verborgenen
kehrt die Zuversicht
in dein verletztes Herz
zurück.

Es kommt der Tag

Es kommt der Tag,
an dem du wieder Ja sagen kannst
zu deinem Leben,
an dem du eine Rose wahrnimmst
und ihren Duft einatmen magst.

Es kommt der Tag,
an dem du wieder zulassen kannst,
dass die Sonne scheint,
dass sie deine Haut wärmt
und der Himmel hell über dir ist.

Es kommt der Tag,
an dem du wieder lächeln kannst,
weil dir Hoffnung grünt
und die Zukunft dir
verheißungsvolle Wege bahnt.

Von neuer Hoffnung bewegt

Nach kahlen, kalten
Winterwochen
bricht eines Tages
sich der Frühling
mit zarten Knospen
leise Bahn.

Nach langer Zeit
der Einsamkeit
wird eines Morgens
auch dein Herz
zu neuer Hoffnung hin
bewegt.

www.herder.de

Umschlagmotiv und alle Abbildungen im Innenteil:
© Andrea Göppel, Böblingen

Gesamtgestaltung:
Weiß-Freiburg GmbH – Graphik & Buchgestaltung

Herstellung:
fgb · freiburger graphische betriebe
www.fgb.de

Gedruckt auf umweltfreundlichem,
chlorfrei gebleichtem Papier
Printed in Germany

ISBN 978-3-451-32193-1